AF325141

JUSTIFICATION

DE BRUNEAU,

juge de paix de la Section de la place de Louis XIV, premier Électeur de la même Section en 1790 et en 1791.

OUTRAGEUSEMENT calomnié dans un libelle imprimé et distribué avec une profusion affectée, sous le nom de défense.

Par M. CHAUVEAU DE LA GARDE *ci-devant Avocat au Parlement (a) de Paris, et actuellement homme de loi dans les Tribunaux de District; défenseur officieux,* etc.

(a) Un ami de la Constitution auroit dit : au *ci-devant parlement*, mais un ami de la Constitution n'auroit pas, contre le cri de la conscience, désigné en lettres italiques, deux nouveaux *officiers* nommés par le peuple, un *commissaire de police*, et un *juge de paix* comme parjures et prévaricateurs, au risque certain de voir son Mémoire flétri comme vient de l'être celui de M. CHAUVEAU *de la Garde.*

A

LE procès criminel auquel la mort du baron de Bagge a donné naissance, vient enfin d'être jugé au Tribunal du deuxième arrondissement, et le jugement n'a fait que confirmer la transaction, par laquelle j'avois voulu éviter aux accusées ce funeste procès.

Sur l'accusation d'empoisonnement, les accusées ont été renvoyées ; sur celle en spoliation, attendu la restitution opérée par ma médiation, il a été dit qu'il n'y avoit lieu à statuer.

D'où il resulte qu'après une procédure immense, le tribunal a remis toutes les parties au même état où je les avois amenées par ma conciliation.

Quant aux injures que les acusées et leurs conseils s'étoient permises contre moi ; ce tribunal, ainsi que j'avois lieu de l'attendre, m'en a vengé par la supression du mémoire ou plutôt du libelle qui les contenoit.

Il ne me reste plus qu'à désabuser le public indignement trompé, et à édifier les ames honnêtes qui ont bien voulu sus-

5

pendre leur opinion sur mon compte ; je leur dois le recit des faits qui me sont personnels et les motifs de ma conduite.

Je serai concis, mais exact dans le narré des faits auxquelles je n'ajouterai que quelques courtes réflexions.

J'ai été appelé le 24 mars 1791 , pour apposer les scelés aprés le décés du baron de Bagge.

Je n'avois jamais connu le baron de Bagge, et ne connoissois ni la Dame sa veuve, ni aucunes des personnes de sa société.

La dame de Bagge me déclara *qu'elle n'habitoit point avec son mari, mais qu'il étoit à sa connoissance qu'il devoit exister dans le sécrétaire , étant dans le cabinet de son mari, en actions de la compagnie des Indes, en actions et demi-actions de la caisse d'escompte , billets, assignats ou louis d'or , une valeur de cent dix à cent vingt mille liv. et me requit de faire perquisition dans ce sécrétaire , dont elle me remit la clef,*

A 2

à l'effet de vérifier si les susdites valeurs s'y trouvoient ou non.

Avant de faire cette perquisition, j'ai reçu des gens de la maison du baron de Bagge, le serment de n'avoir rien détourné, vu ni su qu'il eut été détourné des effets de la succession.

Lors de ce serment les sieurs Sister et Vasseur, tous deux musiciens au service du defunt, *déclarent qu'il y avoit une montre d'or à répititioñ du nom de Bertout et une chaisne d'or qui étoit accrochée à une statue dans la chambre et qui en avoit été en levée quelques instans avant le décès; qu'il en existoit une autre qui avoit été vendue par le sieur Alyon et qui étoit disparue il y avoit environ quatre jours.*

D'après cette déclaration, la dame de Bagge fit ses réserves *de se pourvoir en recelé et dévertissement;* je donnai acte du tout et pour satisfaire au réquisitoire de la dame de Bagge, je fis en sa présence perquisition dans le sécrétaire, il s'y trouva *cinq actions de caisse tim-*

5

brées de leur doublement, pouvant valoir
au cours...................... 21000 liv.
En assignats de différentes
    sommes.................... 9650.
114 doubles louis et 62 sim-
    ples faisant.............. 6960.
En écus.................... 153.
                              —————————
                    Total   37763 liv.

Plus une double guinée, 4 guinées sim-
ples, 74 pièces d'or étrangères et 4 pièces
ou médailles en argent.

En procédant à cette perquisition, le
sieur Sister déclara encore *qu'il étoit à sa
connoissance qu'il existoit dans le sécrétaire une tabatière d'or émaillée por-
tant une petite figure, une bague montée en or et en brillans avec le portrait
du Roi de Prusse, une autre bague
montée en or avec une pierre fine bleue,
une tasse de porcelaine de Berlin avec
le portrait du Roi de Prusse; tous les-
quels objets il n'appercevoit pas et paroissoient avoir été détournés, déclarant
que la Dlle. W...... dite K......
qui demeuroit dans la maison et qui*

avoit la confiance du defunt ; avoit aussi les clefs des différens meubles fermans.

La dame de Bagge ayant de nouveau fait réserves de se pourvoir en recélés et dévertissement, je donnai acte des déclarations et réserves et avant de procéder à l'apposition des scelés, sur l'invitation de la dame de Bagge, je passai dans l'appartement de la Dlle. W..... pour lui demander si les meubles qui le garnissoient étoient à elle ou au baron de Bagge dont elle étoit la commensale , et pour l'engager à réintégrer dans l'appartement du defunt tous les effets pouvant appartenir à sa succession. La dite Demoiselle W..... me montra deux quittances ensuite l'une de l'autre de son loyer à raison de 600 liv. par an ; elle me montra aussi un mémoire d'un tapissier pour fourniture de meubles, et m'assura qu'elle n'avoit rien détourné qui appartint à la succession.

Lorsque je revins dans l'appartement, j'y trouvai le commissaire de police de la section que la dame de Bagge avoit

fait appeller, occupé à recevoir sa déclaration et celle des gens de la maison.

J'entendis dire alors que le baron de
Bagge s'étoit cru empoisonné, qu'il s'étoit
plaint la veille de sa mort au sieur Alyon
son médecin qu'on lui avoit donné une
boisson noire et amère, depuis laquelle
il s'étoit trouvé violemment incommodé.
Le sieur Alyon étant lui-même survenu,
je lui demandai ce qu'il en pensoit et
il me dit qu'effectivement le défunt s'étoit
plaint d'un breuvage qui lui avoit été
donné la veille à 4 heures du matin, mais
que cela ne prouvoit pas qu'il eut été empoisonné, parce qu'ayant ordonné pour
boisson du syrop de violette, elle avoit
du paroître noire et que l'amertume pouvoit provenir de la mauvaise disposition
du malade ; que lui sieur Alyon avec
d'autres médecins, devoit faire l'ouverture
du cadavre, mais qu'il ne conseilleroit pas
à la dame Bagge de faire aucune déclaration sur un fait aussi grave.

En effet les déclarations que reçut le
commissaire de police n'eurent, je crois,
pour objet que la soustraction des montres,

bijoux et autres effets de la succession.
Quant à moi, rassuré parceque m'avoit
dit le sieur Alyon sur le fait de l'empoisonnement, je ne me permis plus même
le soupçon d'un crime aussi atroce.

Pendant que je procédois aux opéra-
tions du scelé, le commissaire de police
qui s'étoit retiré chez la Dlle. W.....
rentra dans l'appartement du défunt ; il
annonça à la dame de Bagge que la Dlle.
W..... convenoit avoir une montre d'or
et il m'invita d'après ce premier aveu à
repasser chez elle pour essayer à en
obtenir amiablement les autres effets qui
paroissoient avoir été soustraits ; la dame
de Bagge y ayant joint aussi ses instances,
je m'y rendis.

Je représentai à la Dlle. W..... que
lors de ma première visite, elle auroit
due me déclarer et me remettre la montre
d'or qu'elle avouoit avoir en sa possession, et je la priai de l'exhiber. Alors une
de ses amies (la Dlle. L.....), tira de sa
ceinture une montre d'or unie qu'elle me
remit.

Je remontrai en ce moment à la Dlle.

W. . . . , le risque qu'elle couroit, si elle ne remettoit pas volontairement les autres effets qu'elle pouvoit avoir, et qui sûrement n'échapperoient pas à la perquisition du commissaire de police. Elle convint alors qu'elle avoit chez elle un cabaret de porcelaine de saxe, ajoutant que c'étoit pour elle et ses enfans que le roi de Prusse en avoit fait présent au baron de Bagge. Ce cabaret étoit renfermé dans une boîte, et cette boîte se trouva entre le matelat et le lit de plume du lit de la Dlle. W. . . . Je lui en demandai la clef, qu'elle chercha inutilement, et qui se trouva faire partie de celles à moi remises par la dame veuve de Bagge ; ce qui me fit observer à la Dlle. W. . . . . que si le défunt eût voulu lui donner ce cabaret, il n'auroit pas manqué de lui en remettre la clef.

La Dlle. W. . . . . remit aussi une tasse de porcelaine, sur laquelle étoit en médaillon le portrait du roi de Prusse.

Je revins alors dans l'appartement du défunt avec la montre d'or unie. Cette montre fut reconnue pour être celle vendue par le sieur Alyon, et qui étoit disparue depuis quatre jours, et non celle qui avoit été soustraite au moment du décès, laquelle devoit être à répétition, et marquée du nom de *Bertout*, avec une chaîne d'or.

Retourné chez la Dlle. W...... je l'engageai à me remettre cette seconde montre, en lui représentant que plusieurs personnes assuroient la lui avoir vu prendre ; et sur ses dénégations réitérées, je lui remontrai combien elle avoit déjà varié dans ses déclarations ; j'insistai sur-tout aussi sur la remise d'une note d'effets royaux, écrite sous la dictée du défunt par le sieur Alyon, et dont on assuroit qu'elle, Dlle. W...... s'étoit emparée. La Dlle. W...... après avoir dénié plusieurs fois qu'elle eût pris cette note, finit par déclarer qu'elle l'avoit brûlée, et qu'ainsi il étoit inutile que le commissaire de police en fît la perquisition.

Après ce nouvel aveu, je crus pouvoir représenter plus fortement encore à la Dlle. W..... combien elle pourroit paroître coupable, si après tant de tergiversations elle étoit trouvée en possession de la montre d'or et des effets royaux qui avoient disparus ; je lui ajoutai que cette soustraction, juridiquement constatée, feroit tomber sur elle des soupçons plus graves sur le genre de mort du baron de Bagge, qui s'étoit cru empoisonné, et qui l'avoit dit à son médecin : que pour moi je la croyois incapable d'une telle atrocité ; mais qu'enfin elle s'exposeroit toujours à tous les désagrémens d'une procédure criminelle.

La Dlle. W...... persistant à nier qu'elle eut pris la montre et les effets Royaux que l'on réclamoit, je lui déclarai que j'allois me retirer et laisser au commissaire de police à faire les perquisitions qu'il croiroit convenables ; je voulus effectivement me retirer, mais la Dlle. L...... et la gouvernante des enfans me retinrent et pressèrent la Dlle. W.... de passer avec moi dans le cabinet et de m'avouer tout ce qu'elle pouvoit avoir détourné.

La Dlle. W..... se rendit à leurs instances et m'enmena dans le cabinet où je lui fis sentir l'importance pour elle

de réintégrer tous les effets de la succession ; je lui promis même qu'à ce moyen
il ne seroit donné aucune suite au procès-
verbal du commissaire de police. Elle m'a-
voua qu'elle avoit effectivement pris la
montre mais qu'elle ne l'avoit pas en sa
possession et me demanda jusqu'au l'en-
demain pour me la remettre ; sur quoi
je lui observai que je ne pouvois clore
mon procès-verbal qu'après que tous les
effets de la succession auroient été rétablis sous les scelés.

Alors la Dlle. W..... me parut dans
le plus grand embarras, ne voulant point
faire connoître la personne qui étoit dépositaire de la montre ; je lui demandai
si elle ne pouvoit pas charger la gouvernante des enfans d'aller chercher cett
montre et les effets royaux sur la remise
desquels j'insistois ; elle me parut satisfaite de cet expédient, mais elle ne vouloit rendre que la montre et dénioit encore
avoir des effets royaux.

Ne pouvant plus douter d'après sa conduite et sur-tout d'après les instances
de la Dlle. L..... et de la gouvernante

que la Dlle. W..... n'eut en sa possession les effets royaux que l'on réclamoit, je lui dis affirmativement que je
ne m'engageois à concilier l'affaire qu'autant que la restitution seroit complette;
que sans cela j'allois me retirer, mais
que si elle agissoit de bonne foi, je lui
réitérois ma promesse que le procès-verbal
du commissaire seroit annullé. La Dlle.
W..... m'assura qu'il n'y avoit que la
montre d'or qui fut en main tièrce et que
les effets royaux étoient chez elle. Elle
me pria donc de consentir qu'elle envoyât
chercher cette montre d'or.

Je rentrai avec elle dans la chambre
et dis au commissaire de police que la
Dlle. W..... avoit une commission
pressée à donner à la gouvernante, que
je le priois de le trouver bon. Le commissaire de police y consentit après s'être
asssuré que cette gouvernante n'emportoit
ni effets ni papiers. La Dlle. W.....
ayant donné secretement ses ordres à la
gouvernante, celle-ci sortit pour les exé-
cuter.

La Dlle. W..... passa ensuite dans

le cabinet seule et sans lumière ; elle m'y appela quelques moments après ; j'y entrai avec une lumière et elle me remit un petit rouleau de papier qu'elle m'annonça contenir *trente-cinq* demi-actions de caisse d'Escompte, m'assurant que c'étoit tout ce qu'elle avoit pris et m'ajoutant que le baron de Bagge lui avoit recommandé, au cas qu'il vint à mourir, de prendre tout ce qu'elle pourroit pour ses enfans.

Je comptai sur le champ les demi-actions, et n'en trouvai que *trente-trois*, ce que j'observai à la demoiselle W...... je les recomptai avec elle, et il ne s'en trouva effectivement que *trente - trois*. Alors la Demoiselle W..... me dit qu'elle avoit cru en avoir trente-cinq. Et ayant regardé avec la lumière sous le tapis de pied, à droite de la croisée, où il ne se trouva rien, elle me dit qu'apparemment elle s'étoit trompée ; mais que c'étoit tout ce qu'elle avoit.

Nous rentrâmes dans la chambre où le commissaire de police étoit demeuré avec la Dlle. L..... : la Dlle. W...... regarda encore sous le tapis, à gauche de

la cheminée , où elle ne trouva rien. Je
dis alors au commissaire de police :
Monsieur, mon ministère est tout paci-
fique, le vôtre est tout rigoureux : j'ai
engagé la Dlle. W . . . . . à des con-
fidences dont je suis dépositaire ; mais
j'ai donné ma parole que si la succession
se trouvoit désintéressée, votre procès-
verbal seroit annullé : pouvez-vous ac-
quitter ma parole ? Sans cela vous sen-
tez combien le personnage que j'ai fait
ici me deviendroit pénible ; et je vous
déclare que jusqu'à ce que vous vous
croyez autorisé à annuller le commen-
cement de votre procès-verbal, le secret
de Mademoiselle W . . . . . est sacré
pour moi.

Le commissaire de police témoigna
beaucoup d'éloignement d'annuller un acte
même imparfait. Je l'engageai à consulter
la dame de Bagge , à la requête de qui il
agissoit. Nous repassâmes, lui et moi,
dans l'appartement du défunt, d'où la
dame de Bagge venoit de sortir pour aller
prendre du repos dans une maison voisine.
Nous y trouvâmes son fondé de procura-

tion , à qui je dis que j'étois assuré que ce qui paroissoit manquer dans la succes-sion seroit rétabli , si madame de Bagge vouloit consentir que le procès-verbal du commissaire fût supprimé.

L'homme d'affaire de la dame de Bagge n'y vit aucune difficulté , et emmena le commissaire de police prendre l'attache de madame de Bagge. Pour moi, je ren-trai chez la demoiselle W..... où le commissaire revínt peu de tems après. Il me dit que la dame de Bagge consentoit à l'annullement du procès-verbal ; que malgré cela il ne s'y prêtoit, que parce que j'en faisois une condition expresse de la restitution.

Il me remit donc son procès-verbal, que nous jetâmes au feu. Je tirai au même instant de ma poche le rouleau de demi-actions , que je comptai en sa présence et en celle des demoiselles L..... et W...... et dans lequel il s'en trouva *trente-trois*.

La gouvernante étant aussi revenue , et ayant rapporté l t m out e avec la chaine d'or, la demoiselle W..... me la remit

en

en me réitérant , en présence du commissaire de police , que le baron lui avoit
recommandé de prendre pour ses enfans
tout ce qu'elle pourroit.

Le commissaire de police et moi repor-
tâmes dans l'appartemeut du défunt la
boîte contenant le cabaret de porcelaine
et la tasse , que je fis mettre dans la
chambre à coucher , ainsi que les deux
montres d'or , et plusieurs paires de man-
chettes à dentelle ; à l'égard des *trente-
trois* demi-actions , je les remis dans le
secrétaire avec les autres valeurs décrites ,
et les fis ajouter *par renvoi* sur mon procès - verbal. Je réapposai ensuite mes
scellés sur l'entrée de la porte de la chambre à coucher , et fis clore mon procès-
verbal, dans lequel je ne rendis aucun
compte des faits ci dessus , par les mêmes
motifs et sous les mêmes consentemens
qui avoient fait anéantir celui du commissaire de police.

Il paroît que la Demoiselle W,.... et
la Demoiselle L..... son amie ne tar-
dèrent pas à regretter l'acte de justice auquel elles s'étoient déterminées. dès le

lendemain la Demoiselle L........ fit faire à la Dame veuve de Bagge une sommation de faire ouvrir le cadavre de son mari ; mais cette sommation ayant donné de la publicité au soupçon d'empoisonnement, M. l'accusateur public fit faire aussi une visite du cadavre, après laquelle il rendit plainte contre les Demoiselles W...... et L...... tant de la spoliation que de l'empoisonnement.

J'ai été assigné pour déposer dans l'information ; j'aurois pu comme *Juge de paix* ne faire aucune déposition, parce que la justice même ne peut exiger la révélation d'un secret et que les aveux des parties qui transigent sont confiés à la discretion de médiateur ; mais deux motifs m'ont déterminé à déposer, le premier parce que ma déposition pouvoit venir à la décharge des accusées ; le second parce que n'ayant d'autre indice de la remise sous les scelés des effets restitués, que le *renvoy* en marge de la minute du procès-verbal à l'égard des *treute-trois* demi-actions, et l'existence sous les scelés des autres objets, il importoit à ma délicatesse d'en rendre compte.

Mais en déposant, j'ai du dire et j'ai dit LA VÉRITÉ, TOUTE LA VÉRITÉ et RIEN QUE LA VÉRITÉ.

Aussi dans ma déposition et mon récolement ai-je rendu un compte fidèle de tous les faits que je viens de rapporter ; aussi avec la même franchise les ai-je confirmés et éclaircis dans une confrontation que les conseils des accusées ont indécemment prolongée pendant plus de vingt heures, au grand scandale du public qui en a plus d'une fois témoigné son indignation.

C'est dans cette confrontation ainsi que dans le mémoire, ou plutôt dans le libelle imprimé pour leur défenses que les accusées et leur conseils m'ont accablé d'invectives et d'injures ; sachant bien qu'en ma double qualité de *conciliateur* et de *témoin*, je ne pouvois intervenir au procès pour demander une juste réparation.

J'ai laissé aux accusées tous leurs avantages; outre que ma déposition et mon récolement venoient à leur décharge, j'ai supporté patiemment leurs calomnies ; je n'ai pas même élevé la voix pour démentir le roman invraisemblable que le sieur *Chauveau de la Garde* à fabriqué pour leur tenir lieu de défenses.

Satisfait du témoignage d'une conscience pure, tandis que ce défenseur *inofficieux* distiloit laborieusement contre moi le fiel de la plus noire calomnie, tout entier à mes paisibles fonctions, j'ai laissé au zèle du ministère public le soin de défendre et aux Juges celui de venger un citoyen irréprochable et un fonctionnaire justement honoré de l'estime publique.

Mon attente n'a pas été vaine ; M. l'accusateur public a cru de son ministère de requérir et le tribunal a prononcé la suppression du mémoire de Me. *Chauveau de la garde* contenant les injures et les calomnies dont j'avois à me plaindre ; mais j'ai promis et je me dois à moi-même de justifier publiquement ma conduite ; cette tâche ne sera pas difficile à remplir.

Il est certain que si j'eusse soupçonné la Dlle. W..... coupable du crime affreux d'avoir empoisonné le baron de

Bagge, je n'aurois pas employé ma médiation pour l'engager à restituer les objets réclamés dans la succession ; mais ce
que m'avoit dit le sieur Alyon, son conseil
à la dame de Bagge de ne faire aucune
déclaration sur le fait de l'empoisonnement, l'atrocité même de ce crime dont
je n'ai pu croire la Dlle. W.... capable,
ne me firent plus envisager en elle qu'une
mere égarée par la tendresse pour deux
enfans encore en bas age ; je la jugeai
coupable sans doute de s'être permis une
spoliation de ce genre, mais au moyen
de la restitution à laquelle j'esperois l'a-
mener et qui désinterresseroit la succession, je ne trouvois plus rien qui dut
provoquer contre elle le glaive de la loi.

Ami de la constitution et de la paix
avant d'en devenir le ministre, ai-je eu
tort de penser que la persuasion engageroit
plus efficacement la demoiselle W.......
à déclarer et à remettre ce qu'elle avoit
pu enlever, que ne l'auroit fait un in-
terrogatoire juridique ? et cette restitution
une fois opérée, me convenoit-il de la

la laisser sous le poids d'une procédure extraordinaire ?

C'étoit au commissaire de police à chercher des coupables, c'étoit à lui après le premier aveu qui lui étoit fait, à essayer d'en obtenir de nouveaux, ou à faire les perquisitions convenables ; mais du moment qu'il est lui-même venu invoquer ma médiation, du moment que la dame de Bagge y a joint ses instances, je n'ai pu, je n'ai du remplir qu'un ministère de paix ; ce n'est que l'olivier à la main qu'il me convenoit de me présenter chez la demoiselle W..... ; rassurée à mon aspect, elle a du croire qu'elle étoit encore à temps de s'accorder avec sa partie et qu'en le faisant par ma médiation, elle n'avoit plus à craindre ni les suites d'une procédure extraordinaire, ni même la comparution dans aucuns tribunaux ; moi-même j'ai du saisir avec empressement l'occasion d'exercer la plus belle de mes fonctions, celle d'amener les parties à se rendre elles-mêmes justice.

Je dirai plus . il n'étoit pas en mon pouvoir de refuser mon entremise. La Dame de Bagge avoit deux voies ouvertes, la voie extraordinaire et la voie civile ; elle avoit pris d'abord la première, mais après que la Dlle. W . . . eut fait un premier aveu au commissaire de police. elle a pu se reprocher un excès de sévérité envers la mère des enfans de son mari ; elle a pu vouloir civiliser l'affaire comme elle en avoit le droit. Or il falloit avant tous qu'elle employât ma médiation, puisque les parties se trouvoient dans mon arrondissement Eut-on voulu que plus impitoyable que la dame de Bagge et me chargeant sans mission de la vindicte publique, je l'engageasse, je la contraignisse même à continuer une procédure criminelle dans des circonstances où comme on le voit, la partie civile étoit seule intéressée ?

Il faut bien distinguer deux fonctions inherente à une qualité de *juge de paix.* Je me trouvois en même tems *officier ministériel* du scellé auquel je procédois, et *conciliateur* né des parties. Comme *officier ministériel* je n'avois pu refuser à la dame de Bagge de lui donner acte de ses déclarations et réserves ; mais comme ministre *de paix*, lorsque j'en ai été requis j'ai du essayer de rendre ces réserves inutiles, engager les parties à une transaction et c'est ce que je me félicitois d'avoir fait.

Le silence de mon procès-verbal ne sauroit m'être reproché ; la conciliation à laquelle je me suis employé est un hors-d'œuvre à ce procès-verbal et la transaction qui a eu lieu ne pouvoit y être écritte, puisque la condition sous laquelle la Dlle. W..... transigeoit et sans laquelle elle n'eut ni avoué, ni remis les trente-trois demi-actions, étoit que rien ne constateroit ni l'aveu ni la remise.

Tout ce que j'ai pu et du faire et ce que jiai fait, c'a été d'ajouter par *renvoi* sur mon procès-verbal les *trente-trois* demi-actions qui m'étoient remises, et que je réintegrois dans le secrétaire. Ce *renvoi* s'atisfaisoit à tout ; il assuroit à la succession cette propriété et il disculpoit entièrement la Dlle. W...., puisque les 110 à 120 mille livres annoncées devoir exister lors de l'ouverture du secrétaire s'y retrouvoent réellement déposées.

J'ai bien expliqué dans ma confrontation

cette circonstance du *renvoi* et le libelliste des accusées a eu la mauvaise foi de n'en pas dire un mot, et à chaque page de son mauvais roman il annonce effrontement que les *trente-trois* demi-actions se sont trouvées dans le secrétaire avant mon transport chez la Dlle. W..., pour en induire que j'ai gardé pour moi ou remis particulièrement à la dame de Bage *trent-cinq* autres demi-actions qu'il suppose m'avoir été remises.

Il est une providence à laquelle je ferai toujours publiquement profession de croire ; (dût le sieur Chauveau *de la garde* me qualifier encore d'*hypocrite*) cette providence que je bénis a ménagé pour ma bonne foi une preuve au-dessus de toute réplique.

La minute de mon procès-verbal d'apposition de scelés se trouve écrite de deux encres différentes ; les deux premières pages et un quart de la troisième sont écrites d'un encre beaucoup plus pâle que les dernières et c'est dans la seconde page que se trouve, la description des effets renfermés dans le secrétaire ;

or le *renvoi* que j'ai fait apposer lorsque j'ai remis dans le secrétaire les *trente-
trois* demi-actions restituées par la demoiselle W........ ce *renvoi* se trouva
écrit de l'encre beaucoup plus noire avec
laquelle le procès-verbal est terminé, ce
qui montra clairement que le *renvoi* n'a
été ajouté que bien postérieurement à la
description et que les *trente-trois* demi-
actions énoncées dans ce renvoi ne faisoient
pas partie des effets trouvés au moment
de cette description.

M'abaisserai-je à répondre à l'imposture
des accusées qui osent avancer m'avoir
remis non pas *trente-trois*, mais *trente-
cinq* demi-actions ? quarante années et
plus d'une vie sans reproche et sur laquelle
j'ai provoqué la censure même des accusées et de leurs conseils ; l'estime de
tous les gens de bien et la confiance
dont je me trouve honoré de la part de
mes concitoyens et que j'ose dire avoir
méritée ; la religion du serment sous laquelle j'ai affirmé dans ma déposition et
mon récolement et soutenu dans ma
confrontation qu'il ne m'avoit été remis

que *trente-trois* demi-actions, sont la seule mais suffisante réponse que j'aie à faire à cette assertion mensongère.

Je dois cependant éclaircir un fait dont l'auteur du *libelle* a abusé avec autant de méchanceté que de mauvaise foi : le voici. Il paroît que le commissaire de police instruit que le médecin Alyon se croyoit lui-même empoisonné le lendemain de la mort du baron de Bagge, et craignant de s'être compromis en supprimant son procès-verbal, a cru devoir remettre à M. l'Accusateur public une déclaration où il détailloit les principales circonstances de cette affaire. Il paroît aussi qu'en rendant compte de la remise à moi faite des demi-actions, il en a porté le nombre à *trente-cinq* ; mais il est aisé de démontrer encore que c'est de la part du commissaire de police une erreur involontaire ; et voici une démonstration.

En évaluant dans mon procès-verbal les cinq actions de Caisse d'Escompte trouvées dans le secrétaire, j'ai dit qu'elles étoient timbrées de leur doublement, garnies de leurs dividendes, et pouvant valoir

21,000 livres. Lorsque j'ai fait ajouter par *renvoi* les *trente-trois* demi-actions à moi remises par la demoiselle W. . . . ; je les ai annoncées garnies de leurs dividendes , et pouvant valoir 68,000 livres.

Le commissaire de police en se trompant involontairement sur le nombre, s'est plus que rectifié sur la valeur ; car en même-tems que par erreur il annonçoit trente-cinq demi-actions, il ne leur assignoit qu'une valeur de 66,000 livres. Or, trente-cinq demi-actions au cours déterminé pour les cinq actions , auroient valu 75,000 l. ; donc en n'assignant aux demi-actions qu'une valeur de 66,000 livres , le commissaire de police n'a pu en désigner que trente - trois (1) : d'ailleurs , cette décla-

---

(1) Je doit faire connoître ici la *bonnefoi* de M. Chauveau *de la garde* , voici qu'il ce dit page 80 de son LIBELLE : « *on avoit trouvé trente-trois demi-* » *actions de caisse pouvant valoir* SOIXANTE SIX » MILLE LIVRES , *ce sont* (affirme s'il) » LES PROPRES EXPRESSIONS DU PROCÈS-VERBAL. La vérité est au contraire que le renvoi porte *trente-trois demi-actions. pouvant valoir* SOIXANTE HUIT MILLE LIVRES. Le sieur Chauveau *de la garde* en impose donc quand il cite

ration du commissaire pourroit-elle pré-
valoir sur sa déposition précise, faite sous
la foi du serment, confirmée à son récolement et soutenue à sa confrontation et
dans laquelle il a assuré qu'il ne m'en
avoit été remis que *trente-trois?*

Quelques personnes m'ont observé que
j'aurois pu constater, dans un acte parti-
culier, la restitution faite par la demoiselle
W. . . . . Mais lorsqu'une transaction
s'exécute à l'instant, et qu'elle ne laisse
aucune action à exercer, où est donc la
nécessité de la rédiger par écrit? Ici toute
rédaction, tout acte écrit contrarioit l'objet de la transaction. Que demandoit la
dame de Bagge? Une valeur en effets
publics; et cette valeur étoit remise et
constatée par le *renvoi*. Que demandoit la
demoiselle W. . . . .? Le silence le plus
absolu sur cette remise : et le renvoi qui

LES PROPRES EXPRESSIONS du procès-verbale, et cette
imposture ne peut avoir d'autre but que de diminuer
mon appréciation pour rendre d'autant moins invrai-
sembles celle portée en la déclaration du commissaire de police, Ce trait seul démasque le personnage.

constatoit tout, ne *déposoit* de rien. La dame de Bagge tenoit à ses valeurs : la demoiselle W..... paroissoit tenir à sa réputation ; et je n'ai pas trouvé d'autre moyen que celui auquel j'ai eu recours.

L'anéantissement du procès-verbal du commissaire de police étoit de même une conséquence, comme il étoit une condition de la transaction ; sans cela quel eût donc été mon personnage ? Quoi ! je ne serois venu que tendre des piéges à la demoiselle W....., la solliciter de livrer elle-même les pièces de conviction de la spoliation ; et en l'amenant à se dépouiller, comme elle le devoit, d'une valeur considérable, je ne l'aurois induite qu'à provoquer infailliblement une condamnation flétrissante ! Loin de moi et de mon caracterre la pensée d'une telle perfidie au près de laquelle il m'est peut-être glorieux, en sauvant les parties, d'avoir eu l'espèce de réprimande que le tribunal à cru devoir me faire dans des termes qui en consacrant la rigueur du principe annoncent assez l'opinion qu'il a de ma conduite.

On m'a encore objecté qu'au moins j'aurois pu, avant la clôture de mon procès-verbal, faire intervenir la Dlle. W..... rapportant volontairement les montres, le cabaret de porcelaine, la tasse et les trente trois demi-actions et lui faire signer ce rapport; mais je répons que ce rapport, même volontaire, n'eut pas justifié la Dlle. W..... de les avoir enlevés, car mon procès-verbal contenoit la déclaration des gens de la maison que pendant que le baron de Bagge rendoit les derniers soupirs, la Dlle. W....... décrochoit une montre d'or, et que depuis quatre jours une autre montre d'or avoit disparu; la restitution de ces objets quelque volontaire que je l'eusse énoncée ne l'auroit donc pas disculpées de les avoir détournés; au lieu que ces montres d'or trouvées lors de la levée de scelés dans le tiroir d'un meuble ou la Dlle. W... pouvoit les avoir serrées par une sage précaution, la lavoit entièrement du reproche d'avoir voulu se les approprier.

D'ailleurs il y avoit encore quelques effets déclarés soustraits, tels qu'une

boëte et deux bagues que la Dlle. W...
ne m'a point remises et ainsi elle eut
toujours pu être soupçonnée de n'avoir
fait qu'une restitution incomplète ; au
lieu que les trente trois demi-actions
paroissant au moyen du *renvoi* trouvées dns le sécrétaire au moment même
de la perquisition, et la majeure partie
des autres effets se retrouvant sous les
scelés, il ne restoit plus aucuns soupçons
sur le compte de la Dlle. W.......

Je crois donc qu'aux yeux de tout
homme honnête ma conduite est pure
et irréprochable ; ce que je sais c'est que
jusqu'au moment où je me suis vu nécessité de déposer dans l'information je
me suis applaudi trop complaisamment
peut-être d'avoir pu terminer ainsi une
affaire qui me paroissoit grave et dificile ;
ce que je sais c'est qu'après m'avoir remis
les objets réclamés la Dlle. W.......
elle-même me parut satisfaite de ce sa-
crifice comme d'un acte de justice in-
dispensable.

Les regrets tardifs de la Dlle. W.....
les perfides conseils qu'elle a pris, les

calomnies qui en ont été la suite , en un mot tout ce qui a suivi la transaction ne sauroit la dénaturer; elle n'en étoit pas moins louable dans ses motifs et utile dans ses effets, puisqu'elle tendoit à prévenir et à annéantir ma contestation infiniment sérieuse ; puisque , sans comprmettre la Dlle. W... elle restituoit à la succession du baron de Bagge un actif considérable.

Je n'abuserai pas plus long-temps de la complaisance de mes Lecteurs; je livre au mépris des gens censés et à l'indignation des ames honnêtes les mensonges absurdes et ridicules dont le sieur Chauveau *de la Garde* à grossi son *libelle ;* le jugement du tribunal m'en a déjà fait justice.

Heureux si j'ai pu ramener l'opinion publique que la calomnie a peut-être égarée quelques instans , et si mes concitoyens me jugent toujours digne de la confiance dont ils m'ont donné tant de marques et à laquelle j'attacherai toujours le plus grand prix.

B R U N E A U.

PRONONCÉ du Jugement rendu au Tribunal du deuxième Arrondissement.

Le Tribunal (après s'être retiré en la chambre du conseil et y avoir opiné sur délibéré) faisant droit sur les plaintes et accusations intantées à la requête de l'accusateur public contre Anne W..., dite K..., Claudine L...., Françoise S.... F....... veuve de Claude Antoine B.... dit C.... et Marie-Anne Grabriel L...; sans s'arréter aux reproches articulés tant par lesdites W.... et L.... que par le sieur Chauveau l'un de leurs conseils contre les premiers, troisième, onsième, dix-septième, dix-huitième et vingt-deuxième témoins, qui sont déclarés non pertinents et inadmissibles ; renvoye lesdites Anne W... et Claudine L... des plainte et accusation d'empoisonnement du feu sieur baron de Bagge contre elles intentées;

C 3

en ce qui touche l'accusation en soustraction d'effets et en spoliation de succession , artendu qu'à cet égard tout a
été consommé entre les parties intéressées
et les effets rétablis sous les scelés de leur
commun accord et consentement avant
qu'aucune action eut été intentée en justice; dit qu'il n'y a lieu de statuer sur cette
accusation, en conséquence déclare la liber-
té provisoire desdites W... et L... définiti-
ve, ordonne que leurs écroux seront rayés
et biffésde tous registres où ils pourroient
avoir été inscrits et que mention du présent jugement sera faite en marge d'iceux
à quoi faire tous greffiers , concierge et
autres dépositaires desdits registres con-
trants, quoi faisant déchargés. En ce qui
concerne la dame F......... veuve
B..... dit C.... et le s. L.... les dé-
charges purement et simplement de toute
accusation; sans s'arrêter ni avoir égard à
la réclamation de la dite Dlle. W......

jointe au procès par jugement du tribunal des dix-neuf avril dernier et treize septembre présent mois, touchant les *trente cinq* demi-actions de la caisse d'escompte, le service et la tasse de porcelaine , et les deux montres d'or dont une à répétition et à chaine d'or , de laquelle réclamation elle est déboutée , ordonne que les *trente trois* demi-actions de la caisse d'escompte par elle remises au juge de paix , ensemble lesdits service et tasse de porcelaine et lesdites deux montres et chaine d'or seront compris dans l'inventaire des effets du feu sieur de Bagge à l'effet de quoi lesdites deux montre et chaine d'or déposées au greffe du tribunal seront remises au sieur Girardin notaire pour en faire la représentation lors dudit inventaire ; disjoint dudit procès le surplus de ladite réclamation et renvoye à cet égard les parties à fins civiles à l'audience. Faisant droit sur les conclusions de l'accusateur public, rapelle au juge de paix et au commissaire de police de la section de la place de Louis quatorze que *les motifs les plus purs et les plus louables* n'autorisoient pas les officiers publics à annéantir leurs procès-verbaux même imparfaits. *Ordonne que l'imprimé ayant pour titre* Défense a l'absurde et calomnieuse accusation d'empoisonnement du baron de Bagge, *sera et demeurera supprimé comme contraire aux bonnes mœurs et attentatoire à la réputation de la dame veuve de Bagge, desdits juge de paix et commissaire de police et autres témoins.* Ordonne en outre qu'à la diligence du commissaire du Roi, le présent jugement sera imprimé, publié et affiché dans la ville, fauxbourg et banlieue de Paris et partout où besoin sera. Fait et prononcé à l'audience publique du tribunal, les portes ouvertes, le jeudi quinze sep-

tembre mil sept cent quatre-vingt onze ;
à laquelle audience siégeoient Messieurs
AGIER, MINIER, DAUGY, L'HÉRITIER,
et GUYOT (Juges) qui ont signé.

De l'Imp. de PRAULT D. S. M., Imprimeur de l'Assem-
BLÉE ELECTORALE, au Palais, 1791.